COMTE DE GOBINEAU

o o o o

CE QUI SE PASSE EN ASIE

o o o o o o o

ÉDITIONS DES CAHIERS LIBRES - PARIS

CE QUI SE PASSE EN ASIE

Hommage de

Messieurs SERPEILLE de GOBINEAU

ET DE L'ÉDITEUR

CE QUI SE PASSE EN ASIE

et

L'Instinct Révolutionnaire en France, deux essais inédits du COMTE DE GOBINEAU, sont édités par les Cahiers Libres, au 57 de l'Avenue Malakoff, à Paris, en 1928.

CE QUI SE PASSE EN ASIE

Ce qui se passe en Asie

Ce qu'il importe de séparer ici de ce qui frappe la vue et fait naître la réflexion, c'est ce qu'il faut saisir. Beaucoup de choses ont tour à tour excité la curiosité; quelques-unes en valaient la peine : quelques autres n'ont donné matière qu'à des erreurs, plus ou moins longues ; plusieurs ne sauraient produire que des pertes de temps. Ce que je vais m'efforcer de faire ici, c'est de mettre devant les yeux du lecteur, un ensemble de faits qui paraissent mériter l'attention toute entière et qui, s'ils sont justes, valent, dans les affaires de ce monde, tout ce qu'on y peut apporter, tout ce qu'on peut y donner, tout ce qu'on y peut absorber d'intérêt.

Il est assez rare que, dans le cours des siècles, les hommes consentent à laisser leurs esprit errer sur des espaces bien multipliés, ni bien étendus. On peut se rappeler que, dans les périodes vraiment vivantes de l'ancienne Grèce, l'intérêt du monde occidental s'attache à la condition d'Athènes, aux mouvements de Lacédémone ; en dehors de ces deux centres, il se produit, sans doute, des effets ; mais toutes les causes viennent de l'Attique ou des versants du Taygète. Pour importantes que soient les actions produites ailleurs, elles y reviennent, elles ne se nouent, ne se dénouent, ne donnent leur dernir mot nulle part ailleurs. Cependant, quand la Grèce devient vieille et malade, tout change déjà d'aspect. Les grands effets prennent souvent leurs principes dans de tous autres lieux et, pour n'insister que sur un point, c'est vers Séleucie, vers les révolutions des Etats grecs de l'Asie-Mineure, qu'il convient de se tourner pour savoir ce que deviennent les grandes capitales de l'Hellade. Personne à Athènes, personne à Sparte, ne sait plus ce que valaient jadis les premiers foyers de la culture humaine. La qualité d'être un citoyen né au pied du Parthénon est encore une gloire dont on peut se vanter, comme il est glorieux ailleurs, d'être né dans une autre classe que les Hélotes de la Laconie ; mais ce que Sparte, ce qu'Athènes vont devenir, le dernier capitaine de Démétrius Polyoscète le sait excellemment. Il peut le dire avec plus de certitude, plus de détails, plus de vérités et la plus confiante indifférence. Ce qu'on ne saurait plus guère attendre du philosophe errant du bord de l'Ilyssus, ou de l'Eupatride, oublié dans l'ancien bourg laconien, qui ne peuvent affirmer autre chose sinon qu'ils n'ont plus de pouvoir et que le monde va périr. En même temps, que le monde s'écœurait, perdait de force et en même temps d'originalité et de dextérité d'invention, en même temps, ce monde s'étendait et embrassait et des nations plus diverses et des races plus absolument hérétogènes dans des orbites élargis. Les Grecs de la période macédonienne n'étaient plus seulement des Grecs comme dans les temps où ils produisaient leurs génies vraiment grecs. C'étaient plus particulièrement des Syriens qui se disaient Grecs, des gens de la Mésopotamie aussi bien que des riverains de la Mer Noire et de la Crimée, des habitants de Ctésiphon et des montagnes arabes, en ce temps où l'on jouait les pièces d'Euripide fort loin dans la Perse devant des publics qui y prenaient grand plaisir.

Il en fût exactement de même à Rome, lorsque les neveux de Rémus eurent succédé, dans la domination universelle, aux Grecs, tombés dans l'impuissance de leur vaste et incohérente domination. Sous les Empereurs, le monde nouveau, peuplé de tous les métis du monde antérieur, avait hérité de tout ce qui avait été flétri par la cohabitation commune de tant de races énervées, et il y ajouta et il y perfectionna encore tout ce qui n'avait pas encore réussi, avant lui, à s'atrophier suffisamment.

Il héritait de beaucoup de peuples mélangés, il en ajouta plus encore, et poussa l'hybridité de l'espèce humaine encore infiniment plus loin. Le Nord s'ouvrit alors, et, à dater des cavaliers germains qui formaient la garde de Jules César, à partir surtout de ces autres cavaliers, également germains, qui, pour venger Domitien, donnèrent à Rome scandalisée et aux Prétoriens stupéfaits, le premier exemple de cette loyauté sans réserves, et sans scrupules dont l'antiquité, avant eux, n'avait jamais entendu parler. Il ne fut plus dans l'Empire un Général, pas un Empereur qui se crût maître et surtout en sûreté, tant qu'il n'eût pas des Germains à sa solde, massés autour de lui et répondant sur leur parole, de son triomphe et de sa sécurité.

Bientôt le monde nouveau ne voulut plus se garder qu'avec et par des Germains ; les légions ne furent plus recrutées qu'au delà des limites décumates et bientôt ce ne fût plus assez de garder le monde il fallut l'alimenter. Tous les champs romains se couvrirent de laboureurs, soit libres, soit esclaves achetés dans le Nord ou recueillis par la guerre. Il vint un moment au IVme siècle où les Romains proprement dits, triste engeance, fils ou petits-fils de légionnaires, petits-fils ou arrières enfants d'employés, tout cela, avocats, fonctionnaires, gens de rien ou de peu, sénateurs, consuls, et tout le reste, tout sauf les Empereurs qui furent des Germains, comme les autres, membres actifs de cette société qui ne pouvait ni ne voulait dire son mot, ne connaissant plus ses origines pour en avoir un trop grand nombre, il arriva, dis-je, alors que l'on s'attacha plus que jamais à recruter des Germains, soldats, laboureurs, généraux, empereurs, tout ce qui pouvait donner ou soutenir le peu de vie encore subsistant parmi des masses rongées par leur immense hybridité, et qui se trouvaient enfin, si malades d'un pareil état, qu'à la fin le recrutement devint invasion et que, pour faire vivre le monde occidental, parvenu à son maximum possible d'inconsistance par tout ce qu'il avait aggloméré de races diverses qui avait déjà pourri dans son sein la masse des nations du Nord, se précipita sans réserve sur l'ancienne société. Elle faisait encore des phrases sur les Fabius, elle en ajustait sur les Scipions ; pour vivre désormais, il lui fallut des Vandales et des Goths, et des Franks, et des Burgondes et des Lombards. De même, absolument comme les choses s'étaient faites sous les Romains qui avaient prétendu être venus des Troyens et des Grecs, on vit aussi ces nouveaux habitants de l'Empire se vanter d'origines auxquelles ils ne devaient rien. Les Franks prétendaient être descendus de Francus fils d'Enée ; la masse se déclara fille des sénateurs de cette Rome qui les avait si longtemps piétinés et volés et, dès lors, commença cette ère qui dure de nos jours mais dont on sent faiblir désormais tous les étais.

Le monde grec relativement peu large, bien qu'infiniment plus étendu que son premier état, étant fondu avec ce qu'il avait pu rassembler de Slaves, de Thraces, de Scythes, dans ce qu'il avait envahi d'Asiatiques, toute cette masse médiocre s'était fait romaine. Aux Romains elle avait apporté le pouvoir de s'associer un peu plus de Sémites, de Perses et d'Arabes, avec un gros d'Egyptiens composés de bien des apports nègres et Abyssins, numides et mauritaniens, mais tous ces échantillons étaient peu de choses en comparaison de ce que ce nouveau mélange rendit possible à l'assemblage qui arriva au Vme siècle à montrer au monde ses premiers débuts. Celui-là avait préludé pendant quatre siècles et plus par des adjonctions, par des recrutements, par des infiltrations, que de gré, que de force, il offrit d'abord, imposa ensuite au monde romain ; mais quand le Vme siècle arriva, un grand événement rendit facile et nécessaire, indispensable et sauveur, ce qui s'était jusqu'alors, présenté seulement comme possible par causes accidentelles, et ce qu'on avait accepté en partie tout en se réservant le pouvoir ou l'apparence du pouvoir d'en réserver, d'en rejeter l'ensemble. On voulait bien avoir un Claude le Gothique, comme empereur ; mais on avait prétendu qu'il pouvait passer pour Romain ; on avait eu Stilicon comme protecteur ; mais Stilicon lui-même avait romanisé de son mieux, tout vandale qu'il était ; désormais il fallut avouer que les Barbares étaient ce que la nature les avait faits, et comme ces Barbares en fin de compte, passaient beaucoup de choses aux Romains, acceptaient assez complaisamment leurs vanteries, on n'en eût jamais fini du monde ancien, si quelqu'élément vraiment sauvage et solidement destructeur n'avait fini par se mettre entre ces trop complaisants Barbares et l'impuissance romaine. Ce fut alors que le ciel fit éclater Attila. En renversant l'ancienne société, en la faisant sauter dans les débris, il tomba lui-même et son peuple aux alentours. Rien n'était plus naturel. Ce n'était ni le rôle ni le fait d'un peuple jaune, voué seulement à la destruction, que de fonder une société mais la société qui allait se faire alors, à l'état d'embryon, il lui aplanit le chemin et elle passa et elle entra. Tous les chefs qui conduisaient ce que l'histoire a longtemps appelé improprement les hordes hunniques, mais qui se composaient surtout des tribus des Goths et de leurs pareils ne tombèrent pas, ils restèrent sur pieds ; ils firent ce qu'Attila n'aurait su faire et Théodoric de Vérone qui n'avait été qu'un de ses lieutenants et les Franks et les Wisigoths de la Provence et tout le monde germanique, délivré des anciennes hésitations, put désormais planter les premières racines du monde moderne qui produisit l'Angleterre, la France, l'Espagne, l'Italie, l'Allemagne et qui effaça lentement, en en conservant le nom le plus longtemps qu'on pût le faire, tous les restes demeurés vivaces de cet ancien composé, le monde romain. Il est remarquable que dans le costume, que dans les habitudes de la vie et dans les recherches du luxe, ce qui était resté du monde romain, et que l'on appelait alors et ce que l'on appelle encore, le goût byzantin, resta jusqu'à la fin des Croisades du XIme siècle et même du XIIme. La cause en est assez claire ; la masse, le nombre le plus considérable des populations, non seulement en Italie et en France et en Angleterre, mais dans toute l'Allemagne et, grâce aux transbordements considérables des captifs opérés dans les pays scandinaves eux-mêmes, se composèrent d'apports romanisés. Il n'est pas douteux que le Sud de la Norvège jusqu'au delà du lac Myôssen et la Scanie ne soient dans ce cas. Longtemps, on ne s'aperçut pas de cette longévité de l'ancienne population, aujourd'hui on l'appelle volontiers la race latine, mais on devrait ajouter, pour être exact, que la race latine est un composé essentiellement hétérogène, fabriqué comme tel par les Grecs, refrappé avec plus d'extention par les Romains, poussé bien au delà de ce second travail par les Barbares du Vme siècle qui détruisirent beaucoup moins de Grecs qu'ils se prirent à tâche d'en conserver et d'en donner pour aïeux à leurs descendants. C'est pourquoi, le sang latin se répandit partout en embrassant plus de races que ne l'avaient pu faire et le monde grec et le monde romain. J'ai pour ma part trouvé tout à fait naturel et juste, d'entendre au Brésil, des hommes provenus de la triplicité du portugais, du guarani et du nègre, annoncer, dans un avenir indubitable, le triomphe certain de la latinité de leur sang. Or si l'on s'arrête à considérer les trois éléments de cette descendance, on a dans le sang portugais un mélange multiplié du sang celte, ibère, romain, en comprenant dans ce dernier les infinis facteurs ; gothique, arabe, berbère, espagnol, en comprenant encore, sous cette dénomination les mélanges modernes, puis il y faut ajouter les produits de l'Asie orientale, qui ont si longtemps infusé leurs adjonctions, dans les conquérants portugais, en considérant le guarani il n'est guère possible de déterminer tout ce que cette nation dominatrice a absorbé en elle d'anciennes variétés américanisées, et parmi les noirs ancêtres des Portugais, on peut deviner aisément le nombre extrême de tribus africaines en allant de l'Est à l'Ouest du continent qui appartenait aux hommes noirs. Voilà en effet, ce qu'est la race latine, agglomération infinie à laquelle convient toutes les dénominations excepté de *race*.

Ainsi donc, le monde moderne encore plus que le monde romain, et incomparablement plus que ne l'avait pu faire le monde grec, vint au monde avec une surabondance d'éléments hétérogènes, avec une surabondance latinée, qui lui créait une base d'une débilité particulièrement remarquable. Il ne pouvait être protégé et préservé que par les éléments cohérents, logiques, conséquents qu'il lui était donné de retenir en soi. De ces éléments, il n'y en a eu qu'un : l'élément germanique et c'est là-dessus qu'il a vécu depuis sa naissance. L'Espagne a gardé l'élément germanique dans le Nord, dans les Asturies, dans la Galicie, dans une partie de l'Aragon, un peu dans les Castilles. Elle en a vécu. Elle a tenu ferme à sa liberté par cette ressource, et, après avoir pendant des siècles, fatigué sa force à ébranler la domination arabe, elle a fini par la jeter à terre et par s'en débarrasser.

L'Italie a dû aux Normands de Sicile, de pouvoir tendre les bras aux Hohenstauffen et à ces Normands elle a dû son éclat et sa grandeur ; mais elle était bien petite ; pour avoir la puissance de la péninsule, il faut courir vers le Nord et la trouver dans le Piémont, dans les montagnes de la Maurienne, de la Savoie où dominèrent les tribus suèdes, il faut surtout s'adresser aux Lombards, les suivre en Toscane, dans la Romagne, aussi bien que dans le Milanais, et on a alors presque toute la force de l'Italie pendant le Moyen Age et la Renaissance. C'est au sang germanique et rien qu'au sang germanique, que le grand réceptacle des nations voyageuses a dû sa prospérité.

En France, tant que ce royaume a été gouverné par les provinces du Nord et cet état de choses a duré jusqu'à l'avènement de la dynastie méridionale des Bourbons, il en avait été à peu près de même. Après cette phase, vers le milieu du XVIIme siècle, le gloussement libéral a commencé partout ; au XVIIIme siècle il a tout débordé, le Nord n'a plus eu d'autorité, on a partout hésité entre l'absolutisme du souverain et l'absolutisme de la foule, et le génie germanique a été étouffé sous le nombre. L'Allemagne n'a pas été plus favorisée. Elle était, ou semblait être, une terre essentiellement acquise à la race régulatrice. Mais ce ne fut, par la conséquence même des extentions de cette race, qu'une apparence. A partir du Vme siècle et pendant le VIIme et VIIIme, les envahissements de la puissance romaine étendirent largement vers le Nord les possessions de l'élément latin ;

et toutes les parties méridionales du pays devinrent peu à peu des propriétés de ce mélange. Depuis les marais des Bataves, au delà, souvent bien au delà de Mayence, les latins devinrent les maîtres à partir du Rhin supérieur et en suivant les rives du Danube des contrées situées au delà du Dniester, et jusqu'au fond du Palus méotidis ; pendant ce temps, les Slaves gagnèrent pays par le haut et s'emparèrent des régions devenues vides par le départ des Burgondes, des Lombards, des Vandales : ils s'emparèrent à tel point des domaines que la race germanique avait abandonnés, qu'au temps de Charlemagne, il fallut que l'Empereur pour contenir et repousser les bandes de cette race, fît venir des Pays-Bas, des Germains, et colonisât de nouveau le pays avec ces conquérants. Le sang vanté par Tacite n'est donc en Allemagne ni aussi abondant ni aussi répandu qu'on l'a voulu croire et, surtout, il n'est pas indigène dans la plupart des parcelles où on le trouve, excepté peut-être sur les côtes de la Baltique, et je ne voudrais pas dire toutes les côtes, et sur quelques points du Rhin supérieur. Dans le Mecklembourg, la maison régnante est slave. Dans la Prusse orientale il a fallu extirper la domination slave jusqu'à une époque aussi basse que le XVIme siècle.

Aussi cette Europe ainsi faite que nous la voyons aujourd'hui, présente partout, jusqu'en Suède, jusqu'en Norvège, une abondance extrême de sang latin. Jusqu'au XVIIme siècle, elle avait pu en préserver jusqu'à un certain point l'Angleterre ; les guerres religieuses et les révolutions politiques de France ont mis fin à cette situation. Elles ont d'une part envoyé plus de cent cinquante mille chefs de famille de la race mélangée, et pendant les dernières années du siècle qui précède le nôtre, les besoins de l'industrie moderne ont adultéré plus considérablement encore ce que le royaume possédait d'essence anglo-saxonne et normande. Par des adjonctions tellement épaisses de produits celtiques elles lui ont jeté une si grande affluence d'émigrants irlandais et gallois que, dès les dernières années qui ont précédé l'époque actuelle, il a fallu que l'Angleterre, cette Angleterre, naguère la plus germanique des puissances, ouvrît son Parlement à l'affluence latine et commençât aussi à prêcher et à mettre en œuvre les notions, les idées, les inconséquences, les faiblesses, en un mot le trouble si essentiel au monde latin ; on s'en aperçoit désormais. L'Europe devint alors de plus en plus ce que désormais on la croit être. Sa physionomie est toute latine, ses actions ne sont plus autre chose et soit, qu'une de ses nations, dédaigneuse ou oublieuse d'une partie des ancêtres, se vante outre mesure de quelques-uns de ceux dont elle met en action les vices nouveaux, soit qu'elle veuille se louer du même ton que tels autres peuples qui l'avoisinent, l'une fait ce que fait l'autre, ou rêve de le faire. Toutes veulent courir au devant des révolutions et des changements qui ne s'arrêtent pas, toutes répètent avec un enivrement qui n'est pas toujours de la meilleure foi du monde et les mêmes paroles et les mêmes doctrines, toutes veulent changer du jour au lendemain ce qu'elles connaissent contre ce qu'elles ignorent, ce qu'elles tiennent contre ce qu'elles n'ont pas, toutes n'aiment rien, ne tiennent à rien qu'à l'aventure ; toutes sont latines, se considèrent préférablement à toutes les générations qui ont tenu le monde avant elles, comme parvenues au dernier terme de la civilisation la plus raffinée. En un mot, encore une fois, toutes sont latines, parce que chez toutes, le plus grand nombre, la majorité est latine ou approche de l'être.

Il y a bien du slave dans tout ce latin là. Mais le slave, fût-il même poussé jusqu'aux confins du finnois, n'en rend le latin que plus compliqué et, de là, plus diffus. Ce qui est certain c'est que slave, ou latiné à la mode de la population de quelques parties des Limites décumates, aucune des agglomérations européennes d'aujourd'hui n'appartient plus aux peuples du passé qui ont fondé la société dont on retient encore quelques noms, mais dont du meilleur cœur du monde, on repousse les principes et dément les instincts, et la vérité de cette conversion des esprits est aussi évidente que, pour définir l'esprit des masses européennes à l'heure actuelle, il faut avouer que le Vme siècle de l'ère chrétienne, époque de transition, ne leur appartient pas ; que les siècles VIme, VIIme, VIIIme et IXme n'ont pas travaillé ni souffert pour leur construire une maison qui n'est pas la leur : que les Xme, XIme, XIIme n'ont pas produit des opinions, dispersé des idées, ni fondé quoique ce soit dont elles ont regret et qui ait pu jamais leur convenir ; que les XIIIme, XIVme, XVme et XVIme n'ont pas commencé à détruire ce qui leur convenait ; que, pour elles, les XVIIme, les XVIIIme, le XIXme enfin, n'ont vécu dans les décombres que pour leur amener la disparition de ce qu'elles ne voulaient pas et qu'à bien compter et à bien parler, un point de vue latin qui est le point de vue d'aujourd'hui, au IVme siècle succède le XIXme, et restaure de son mieux, la décomposition morale, la ruine politique, qui est l'essence même de la race latine.

Après avoir inauguré partout de son mieux, dans tous les pays de l'ancien continent, le système des révolutions, la race latine s'occupa de détruire toute possibilité vitale dans le monde sud américain. Elle produisit cette pléïade de colonies détachées de la métropole qui ne savent plus que devenir. Mais c'était loin de la vie européenne ; il fallait porter le mal plus près. On s'attacha alors à créer contre le flanc même de l'ancienne société un brulôt dont celles-ci pût tout d'abord éprouver et sentir profondément les flammes. On insurgea la Grèce. Cette Grèce qui ne savait pas qu'Athènes et Sparte avaient jamais existé et qui ne s'en souciait pas, cette Grèce qui ne rêvait, qui ne rêve encore que les splendeurs de Byzance et qui n'a jamais voulu que Constantinople pour capitale et l'Empire des Paléologues pour univers, on la jeta dans l'arène politique, ruinée, mourant de faim, constituée de façon à ne pouvoir être jamais en repos et à ne jamais se tranquilliser et on l'excita périodiquement de façon à ne plus laisser le repos s'établir sur tout le pourtour de ses frontières. Pour la pousser à toute extrémité, on lui parle maintenant de lui donner la Thessalie, la Macédoine, l'Epire, et on lui promet ce qu'elle n'aura jamais plus. En même temps, on a créé la Roumélie en deux états qui ne peuvent pas vivre l'un plus que l'autre, on leur a associé la Serbie, la Bosnie, la Roumanie, pourrie avant de naître et on assure que Constantinople, abandonnée au milieu de la Thrace qu'elle ne peut ni contenir, ni répudier, la gardera. Toutes les tempêtes ont été rassemblées dans ce coin du monde où les convulsions ne sauraient plus cesser. Quant à la Turquie d'Asie dont les populations n'ont jamais ni pu ni voulu accepter la domination de l'association militaire des Osmanlis, on la voit nourrie d'une volonté de révolte permanente, accolée à la Perse qui, par foi religieuse, veut sa ruine, et on annonce que l'Angleterre la sauvera par sa domination sur Candi. La guerre est flagrante, quelquefois mal contenue, quelquefois niée seulement dans ces domaines que personne ne possède plus et que rien ne peut pacifier et on se répète qu'on traversera sans trop d'encombre cette traverse de cette crise permanente.

L'Europe entière surveille le mal, se dit-on, et cette Europe entière, l'Angleterre, la France, l'Allemagne, l'Italie, tout cet ensemble d'Etats qui a fait le mal et qui l'a substanté depuis soixante ans, qui l'a porté au point où il est parvenu et qui se prétend résolu à ne pas avancer davantage, déclare qu'elle ne fera rien de pire et saura tout préserver. On admet que cette Europe si bien convertie n'a rien à faire que de se consacrer à ce travail de surveillance, que l'Angleterre qui vient de surexciter la folie en Irlande et l'a poussée presqu'à la frénésie a la main libre ; que la France, dans son état actuel, peut arrêter toutes les entreprises, que l'Allemagne n'a d'autre chose à penser, que l'Italie est absolument propre au rôle de gardien de la paix ; que l'Autriche en a la volonté, la force, la possibilité, le sang-froid, et que la Russie étendue sur tout l'Orient de l'Europe est essentiellement la puissance formée de tous les instincts qui doivent l'empêcher au jour fatal de se jeter, elle-même, sur cette Constantinople dont tout le monde a envie chez elle, depuis le militaire qui rêve l'éclat, la fortune, jusqu'au moujik qui ne rêve rien, mais que sa foi religieuse transporte au-dessus de lui-même. Ce paysan raisonne et agit en vertu de ce principe auquel il n'y a rien à répondre : la toute puissance doit appartenir aux Chrétiens. Il n'y a de vraiment chrétiens que les Orthodoxes. Nous sommes les Orthodoxes et la foi nous est venue de Constantinople. Constantinople, la cité de la Foi, la ville orthodoxe, ne peut rester aux mains des Infidèles, Elle doit devenir, elle ne peut être que la Capitale des Orthodoxes ; elle appartient à la Russie ; elle est à nous ; Dieu nous l'a donnée, il faut la délivrer de son esclavage, il faut la prendre et nous la prendrons.

Ce n'est pas ici, pour le peuple russe, l'expression d'une avidité politique : c'est l'axiome d'une foi religieuse et il ne dépend, à Moscou, ni à Pétersbourg, de l'aveu d'aucune sagesse mondaine de vouloir ou de ne pas admettre que la Russie ait pour capitale Constantinople. Jusqu'à la dernière pierre du sol crie pour qu'on la plante dans le pavé de Constantinople. Il n'est au pouvoir d'aucun théoricien politique de refuser, en Russie, une occasion de satisfaire à un vœu qui est dans l'âme de toute la nation. Je ne sais ce que l'Empereur en pense. Je ne doute pas que les hommes politiques, élevés, façonnés dans les écoles où les discussions de l'Occident, en raisonnent à la légère. Mais la nation, mais tout ce qui sent avec le pays orthodoxe, mais tout ce qui est slave, mais tout ce qui sent et respire pour le triomphe de la Russie veut Constantinople et s'il est au pouvoir des hommes qui raisonneront un jour autour d'une table de congrès, de discuter, d'épiloguer, de retarder de quelques mois, peut-être de quelques années, bien que j'en doute, l'avènement d'un triomphe voulu par des causes aussi essentielles, aussi dominantes dans l'esprit du Slave et du Chrétien d'Asie, ce n'est qu'une protestation sans portée et qui ne saurait, pour quelques bonnes raisons que ce pût être, que retarder inutilement, le plus inévitable des événements de l'histoire qui nous presse.

Depuis le commencement de ce siècle, quelques Européens ont eu une sorte de vision de la possibilité d'un événement analogue. Naturellement, les Anglais maîtres de l'Inde, ont conçu l'idée, la possibilité d'une lutte entre des puissances de l'Occident, prenant sa source et son point de départ dans des territoires asiatiques et pouvant arriver à de grands résultats. On y songea, dis-je, à Londres, et on crut à la possibilité, comme je le dis, d'une terrible attaque dans laquelle la Russie pouvait jouer un rôle qu'on aurait à redouter.

Seulement, on s'imagina d'abord, qu'il serait question de la conquête de l'Inde, ensuite que la Russie y jouerait un grand personnage; enfin, que l'élément vital, décisif, entraînant dans cette affaire, serait la France. On fit donc, en 1808, un traité avec les Emirs du Scindhy et on y stipula clairement qu'en aucun cas, les chefs de cette contrée ne pourraient permettre le passage par leur territoire à une armée franco-russe, se dirigeant sur l'Inde. Cette condition singulière est exprimée de la façon la plus naïve et la plus franche. On s'imaginait aussi qu'une armée française pourrait arriver par la Perse, avec limite du Scindhy dans la région méridionale qu'Alexandre a traversé et qu'il ne serait pas aujourd'hui facile d'atteindre et que les forces auxiliaires russes franchissant la Caspienne, rejoindraient le corps français, par les provinces de Magendéran et de Guylan, à travers toute la largeur de la monarchie persane, en franchissant des contrées dépourvues d'eau et de vivres. C'était impossible à faire ; mais l'instinct de ce qui était inexécutable alors, ne s'arrêtait devant rien. C'était une sorte d'hallucination impossible à redouter, qu'on redoutait néanmoins, à laquelle l'idée qu'on s'était faite naguère de l'esprit d'aventure de Napoléon Ier, donnait sa raison d'être et qu'une vague et grossière idée de la proximité de la Russie, considérée en dehors de toute réalité, soutenait et ce fut ainsi qu'on stipula, signa le traité de 1808, comme un monument curieux d'instinct vrai et de véritable folie. Aujourd'hui le Scindhy appartient à l'Angleterre, les Russes ont plus de possibilité d'y atteindre qu'ils n'en avaient lorsqu'on les rêvait en marche vers cette contrée désolée et, certainement, on ne verra jamais un de leurs régiments s'aventurer de ce côté.

Lorsque j'étais à Stockholm un hasard me rendit confident d'une ancienne affaire qu'assurément je ne me serais pas attendu à voir se révéler en Suède. Il arriva vers 1876 ou

1877 que Sa Majesté, la Reine douairière Joséphine, ayant hérité de l'Impératrice du Brésil, sa sœur, reçut de Lisbonne des bijoux, des étoffes et bien des objets dont il était difficile de reconnaître la destination. La Reine Joséphine me fit l'honneur de m'envoyer un paquet sur lequel Sa Majesté me demanda mon sentiment. Ce paquet contenait une sorte de bourse plate en étoffe de soie rouge bordée d'or et quand je l'eus ouverte en ménageant les épais cachets de cire qui la fermaient, je trouvai un assez grand nombre de documents, écrits en persan, dont le principal était une lettre du premier ministre du Shah el Debly au roi du Portugal, une autre lettre de ce personnage au gouverneur des établissements portugais de l'Inde et plusieurs autres lettres aux autorités de la même nation sur Malabar, entre autres, une au gouverneur portugais de Goa. Cette demande avait pour but d'obtenir de ce fonctionnaire que l'ensemble des pièces indiquées fut tranmis à Lisbonne. Il s'agissait d'obtenir de Sa Majesté très Fidèle l'assentiment à une révolte générale de l'Inde contre les Anglais ; on lui demandait son concours personnel à cette grande entreprise, plus de l'argent et des armes et le Grand Mogol des Indes s'engageait à fournir et des hommes et tout ce qu'il était nécessaire d'apporter de concours matériel à l'opération. On insistait surtout sur la nécessité de donner la plus prompte réponse possible à ces importantes ouvertures.

C'était la première forme combinée pour la grande insurrection de 1855. Mais il se trouva que l'on était alors en 1831 et que le roi régnant à Lisbonne était Don Miguel de Bragance et que ce prince était déjà attaqué par Don Pedro Ier et il résista peu à cette revendication. Les propositions du Grand

Mogol ne furent pas connues, les lettres ne furent pas ouvertes, le sac de soie rouge bordé d'or resta intact et fermé ; il fut jeté dans un coin et malgré la demande instante d'une prompte réponse, il fut oublié et c'est à cette circonstance que je dois d'avoir pu le lire à Stockholm en Suède vers 1876 et d'avoir pu toucher cette marque curieuse de la manière dont se conduisent et se perdent les plus grandes affaires.

Jusqu'en 1830, on n'avait guère parlé de l'Asie qu'au point de vue de l'Inde. Tout le reste de ce territoire était à peu près oublié en Europe, profondément ignoré dans tous les cas et rien n'y appelait l'attention et l'intérêt. C'était là des questions de géographie purement abstraite et il ne tombait dans l'esprit de personne qu'on pût en être activement touché. Vers 1840, la question commença très lentement et très faiblement à changer. Ce qui se passait en Chine excita l'attention européenne. On conçut l'idée que de grands, de très grands intérêts commerciaux étaient en jeu sur ce point si distant. Les Anglais venaient de subir de grandes défaites dans l'Afghanistan. On s'étonna qu'il y eût sur la terre des Afghans qui pouvaient battre les Anglais. On apprit l'existence d'une ville appelée Hérat et la Chambre française trouva alors le fait si curieux qu'elle daigna l'élever dans une discussion solennelle jusqu'à cette hauteur que peut atteindre en France, un ingénieux monument de calembours habilement accumulés par le Président d'alors, M. Dupin. M. le Président Dupin voulut bien faire remarquer que rien, dans l'attention que le Shah donnait à la ville d'Hérat, n'était de nature à exciter les Souris de la Chambre. Cette observation parût profonde.

En Angleterre on avançait dans la question, mais, soit dit encore une fois, on avançait lentement. Personne ne pouvait s'imaginer que l'Asie méritât une étude sérieuse. Personne, sauf un très petit nombre de gens n'a réussi encore à le croire. Dans d'autres pays, il faudra bien des années, dit-on, pour qu'on puisse prendre garde à ce qui ce fait là. C'est possible, mais depuis 1863, tout a cependant déjà bien changé. La France et l'Angleterre ont conduit en Chine, une guerre qui a appris bien des choses et surtout celle-ci que les Chinois se battaient bien et pouvaient faire d'excellents soldats.

De quelque manière que la campagne anglo-française ait été conduite, il n'est pas douteux que, si elle avait été aidée par des révoltes de troupes indigènes, le résultat en aurait été lamentable. Depuis ce temps-là, d'autres symptômes ont donné lieu de réfléchir sur les Asiatiques. Les Américains ont fait retentir des cris d'épouvante. Ils ont déclaré dans le congrès des Etats-Unis qu'ils étaient envahis par les émigrants chinois et que leurs ouvriers et leurs travailleurs ne pouvaient lutter avec ces concurrents, plus actifs, plus laborieux, plus sobres et il fallait l'avouer, plus honnêtes que les gens du pays. L'effroi en est arrivé à ce point qu'on a proposé de chasser les Chinois de la Californie, par la force, n'ayant pas de meilleure raison à faire valoir pour réduire à rien leur envahissement. Une pareille épouvante existait depuis longtemps dans la colonie hollandaise de Java ; elle s'étend, maintenant, jusqu'au fond de l'Australie. Le Chinois est devenu dans toutes ces contrées, cependant bien distantes de la Chine, un objet d'horreur et de crainte, parce qu'on ne sait comment résister à l'abondance, à la persistance, à l'obstination et, en dernier terme, au bon marché incomparable de son travail. C'est ainsi que l'on peut savoir aujourd'hui, par expérience, que les Chinois sont à craindre. Il ne s'agit donc plus seulement de savoir si les Anglais resteront paisibles possesseurs de l'Inde, on a entrevu des dangers nouveaux venant de ce côté, et, en même temps, que des opérations d'une fécondité inconnue, élevaient à Hongkong et sur les points désormais accessibles à l'activité européenne, des forteresses qu'on n'avait jamais imaginées. La peur commença à croître. Mais, bientôt, d'autres faits, très différents, de toute autre valeur, de toute autre portée, se mirent à naître, les uns après les autres, sur le sol asiatique.

Quand j'étais en Perse, pour la première fois, vers 1855, la mer Caspienne était, dans toute sa partie orientale, possédée, parcourue, par des pirates kalmoucks et kinghyzes qui n'en rendaient pas la fréquentation très sûre ni très avantageuse. En ce temps-là, et beaucoup plus tard, la ville persanne d'Asterabad, était journellement envahie, souvent pillée par les Turkomans. Les Anglais, constamment troublés par cette sorte de cauchemar que rien ne semblait devoir réaliser, rêvaient, plus encore qu'en 1808, une invasion russe marchant d'Orembourg vers l'Inde. A la vérité, personne ne pouvait se représenter, comment un événement aussi étrange réussirait jamais à se produire ; la route était longue, le pays à parcourir n'avait ni herbe, ni eau, ni quoique ce fût qu'on pût manger. Il y circulait de loin en loin, quelques nomades et pas davantage. Des villes, particulièrement inhospitalières, Khyva et Bokhara, ne recevaient pas les Russes plus qu'elles ne recevaient personne. Des voyageurs anglais y furent massacrés vers ce temps-là. Comment une armée russe trouverait-elle jamais un moyen de venir du Nord, à travers de pareilles régions, buvant, mangeant, soutenant ses chevaux, emmenant ses charrois et ses bagages ? Qui pouvait se vanter de concevoir la chose comme possible, en ayant quelque connaissance pratique de la question ? On eût une preuve frappante de toutes ces difficultés lorsque les Russes entreprirent beaucoup plus tard encore, de montrer au Khan de Khyva sa petitesse et son insignifiance. Le corps envoyé pour le soumettre ne partait pas d'Orembourg, il venait de la Caspienne et n'avait à exécuter qu'une marche en définitive de peu d'étendue : on avait de l'artillerie, mais, en somme, légère et n'exigeant pas de trop grands efforts de traction : on n'avait mis en route que trois mille hommes, ce qui ne multipliait pas les difficultés de l'Intendance, on avait tout simplifié, on faillit rester en route et y périr de faim et de misère. Je ne parle pas d'une époque distante et je ne raisonne pas sur des dates anciennes ; l'expédition de Khyva a eu lieu en 1873 et a été couronnée par la prise de la ville.

Aujourd'hui, Khyva est un pays, surveillé, dirigé, contenu par la Russie et Bokhara n'a pas une situation différente. En 1861, je fus en situation d'y envoyer un agent, ce que le gouvernement français ne goûta pas. Aujourd'hui, tout porteur d'un passeport russe peut y aller et en revenir, mais, de plus, le Turkestan dont on parlait avec raison comme d'une « terra incognita » est tout entier devenu une province russe, Tashkend, le chef-lieu du gouvernement est une ville comme une autre ; Samarkand est dans le même cas et jusqu'aux sources de l'Oxus, le pavillon russe couvre tout, si bien qu'on a pu dire avec vérité que, du sommet du Pamir qui est russe, on se trouve en face l'Himalaya anglais. Pendant qu'en si peu d'années des transformations si énormes ont pu s'accomplir, les Russes ont de nouveau établi leur puissance au-delà de la Caspienne et un nouveau gouvernement de leur domination leur a permis maintenant de faire ce qui ne pouvait se calculer raisonnablement d'après les anciennes données. Les Russes ont envoyé dans le pays du Turkoman, les quarante-trois mille hommes qui y opèrent maintenant. Ils ne viennent plus d'Orembourg, ils viennent du Caucase, la question devient ainsi beaucoup moins ardue et ce qui est plus grave encore, les efforts peuvent se répéter souvent.

Mais, en même temps que telle ville du Caucase est ainsi un point militaire considérable et un centre d'où peuvent rayonner telles expéditions dans tout le pays du Turkoman et jusqu'à Merw et au-delà de Merw jusqu'à Dalkh, des autres pays russes de Tashkend, chef-lieu du nouveau Turkestan, de Bokhara, ville protégée, territoire acquis, soumis, dont il est facile de faire quelqu'usage qui peut se trouver utile, il est évident que l'empire russe se trouve désormais maître absolu d'un terrain dont, il y a dix ans, il était impossible de calculer d'avance l'étendue, ni de mesurer l'importance. Plus que jamais et, désormais plus raisonnablement qu'autrefois, l'Angleterre s'en préoccupe et s'en effraie au point de vue de l'Inde. Elle a peut-être raison, peut-être aussi elle a tort. L'Inde est un immense pays, qui peut se perdre ou se défendre et se sauver lui-même. Le voudra-t-il faire ? C'est une question délicate et il serait téméraire de répondre ici par l'affirmative. Je ne le voudrai pas risquer. L'Inde peut vouloir, peut se laisser aller à tenter de nouvelles fortunes et il serait hardi de prétendre que l'Inde ne le voudra pas. Mais dans ce réseau de questions épineuses que la situation actuelle de l'Asie jette en avant, il y a plus que le sort de l'Inde pour occuper l'attention et c'est ce qu'un regard de plus vers le problème amène de mieux en mieux à considérer.

J'ai dit plus haut, que les Américains du Nord étaient effrayés de l'invasion chinoise dont la largeur de la mer ne les défend pas. Et le même fait se manifeste également dans l'Australie et donne lieu aux mêmes répugnances. Cependant, ces mêmes Anglais, qui, dans l'Inde, s'effraient aujourd'hui des progrès russes, s'effraient de même de voir les provinces orientales de l'Inde, les pays voisins de la Birmanie et toute la région qui les couvre au Nord-Ouest comme le Thibet et le Ladakh en voie de devenir, comme la Californie, comme les colonies australiennes, mais avec plus de suite, plus d'ensemble, plus d'abondance, plus de facilités causées par le voisinage relatif et l'accessibilité des voies de terre, en voie, dis-je, de se couvrir de nouveaux venus chinois qui débordent de toutes parts et, en même temps, l'événement considérable de ces dernières années dans l'Asie centrale, a été l'effort soutenu des Chinois dans l'entreprise, d'exterminer et de faire disparaître de leur empire et de leur voisinage, toutes les populations imbues de l'esprit musulman. C'est là une des plus grandes affaires, c'est une préoccupation capitale du gouvernement de Pékin d'où provient cette furie subite allumée après des siècles de la plus complète indifférence, et qui semble doublement déraisonnable quand elle arrive, au moment même, où les Chinois se voient dans l'obligation d'admettre, de respecter et même de protéger le Christianisme. C'est qu'il n'y a ici, ni furie, ni foi contrariée et rébarbative, ni fanatisme en un mot ; dans la colère sanglante des Chinois qui ne tiennent qu'à massacrer des Musulmans et à en faire disparaître le nombre, il n'y a que des intérêts et c'est l'intérêt seul qui parle. Pour des raisons qu'il serait long de détailler par le menu, les quatre cent cinquante millions de Chinois qui surpeuplent l'Empire du Milieu, n'ont pas assez de ressources pour contenir tant de vies, et les Musulmans, minorité chinoise, sont, à leur avis, utiles à faire disparaître. Ceux qui peuplent les frontières occidentales et qui sont soumis à l'Empire par tradition, par convenances, par nécessité, mais qui se révoltent à chaque occasion que le temps fait naître, ceux-là que les Khans de Kaschgar ont rassemblé et cherchent constamment à reprendre, à concentrer, à conserver, ou à rallier autour des étendards musulmans, tous ceux-là présentent un danger d'autant plus considérable qu'ils sont comme l'avant-garde de cet esprit de prosélytisme qui n'existe à aucun degré dans l'esprit chinois mais qui fait le trait capital des descendants du prophète dans tous les lieux et dans tous les pays.

Ainsi les Chinois ont donc les raisons déterminantes que voici pour ne pas pardonner aux multitudes mahométanes : celles-ci leur font une dangereuse et irritante résistance dans les faits alimentaires ; les Chinois ont faim et les Musulmans leur disputent une nourriture insuffisante ; ensuite les Musulmans sont des rebelles ou peuvent l'être à chaque instant ; enfin, les Musulmans sont les alliés naturels des ennemis de l'Ouest et en voici la preuve la plus manifeste, qu'il soit possible d'en demander : les Musulmans sont absolument dévoués à la Russie, et, pour étrange que ce fait puisse paraître, il n'en est pas moins réel et constant. Les Russes que les Musulmans de la Turquie d'Europe sont absolument en droit de considérer comme des ennemis irréconciliables, se présentent constamment à l'esprit des Musulmans de l'Asie centrale comme des amis et des frères d'armes et le point est tellement manifeste que, dernièrement, la Russie a failli ariver à une guerre avec la Chine dont certainement elle n'avait, pour le moment, aucune envie, plutôt que de rendre avec Khuldja dont elle ne se souciait nullement de garder la possession et qu'elle rendait de grand cœur, le réseau des routes qui entourent cette ville et qu'il était important de conserver uniquement parce que la Chine ne pouvait et ne voulait s'en servir que pour attaquer les populations musulmanes. La Russie est donc, incontestablement, dans l'Asie centrale, la protectrice des partisans du Prophète, et ce qui achève le tableau, elle considère ceux qui habitent son territoire, non seulement comme ses sujets, mais comme des sujets, parmi lesquels, elle peut choisir, et elle choisit et elle nomme des colonels, des généraux, des administrateurs ; des gens qui ne sont pas pour elle seulement des vaincus, mais bien des concitoyens d'un même état, traités avec la même faveur que les Chrétiens et pouvant jouir d'avantages absolument égaux à leurs yeux que ceux dont sont pourvus les Russes allemands des provinces de la Baltique. Si l'on veut considérer ce que pense, ce que doit dire le général ou le colonel tatare, musulman, qui, sous la protection des consuls de l'Empire fait paisiblement le pélerinage de la Mecque aux misérables cipayes anglais dont le succès le plus énorme peut arriver au grade de capitaine en second et jamais au-delà, on comprendra de suite, la grande raison du succès des Russes, vis-à-vis des Asiatiques. Ils sont des Asiatiques eux-mêmes et ne blessent ni les intérêts, ni l'amour-propre, ni le sentiment intime des Asiatiques, ce que les Anglais ne peuvent éviter de faire.

Considérons donc les Russes, non pas comme une nation européenne, ce qu'ils sont sans doute, quand on les envisage dans l'Europe, mais puisque nous sommes en ce moment en Asie, avec eux, regardons-les, même à travers leurs soixante-dix millions de Slaves comme une nation qui s'étend jusqu'à côté de Kashgar et qui, par les adjonctions territoriales multipliées dans ces derniers temps, par l'annexion du Turkestan, rejoint maintenant les provinces occidentales de la Chine, comme elle touchait autrefois les parties septentrionales, les pénétrant aussi depuis quelques années par tout le cours du fleuve Amour dont elle s'est assuré la possession. Ce qui lui a paru depuis quelques années comme particulièrement nécessaire, c'était de s'assurer de la connaissance des routes qui, dans toutes ces régions, peuvent mener de l'Empire du Milieu chez elle et de chez elle en Chine. Elle y a employé, avec succès, un certain nombre d'agents polonais. Les Anglais, inquiets et excités par le concours des Chinois qui se postent du côté de l'Inde ont recherché les mêmes connaissances, mais comme depuis la région caspienne jusqu'à l'avant du Thibet, ils se piquent de prouver qu'ils n'envoient pas d'observateurs anglais, ils se sont contentés d'employer des Hindous, élevés dans les écoles anglaises et ils ont acquis des résultats moins considérables, moins sûrs, que ceux dont les Polonais se rendaient maîtres. Quoiqu'il en soit, de façon ou d'autre, ces recherches ont, depuis quelques années, atteint à des résultats d'une immense importance et quand on se rappelle à quel degré d'imperfection on en était tombé sous ce rapport depuis le temps de Marco-Polo, on ne peut considérer l'état actuel qui n'est qu'un moment de transition et nullement un temps d'arrêt dans ces travaux, qu'avec l'intérêt le plus profond. Mais, si, en même temps, on se tourne du côté de la Caspienne, de cette mer devenue Russe et, désormais, enceinte à l'Est comme à l'Ouest dans des provinces russes, on est frappé à l'aspect de deux grandes opérations qui complètent d'une manière singulière les travaux topographiques poursuivis sur la frontière chinoise. Un chemin de fer est tracé et pousse ses travaux d'Orembourg dans la direction de Kashgar, en même temps, des travaux changent les anciennes dispositions des Khans de Bokhara et s'occupent à ramener le cours de l'Oxus de la partie inférieure de l'Aral, jusque dans le Bassin de la Caspienne par des voies toutes pareilles ou analogues à celles que les eaux ont suivi dans les premières époques du Moyen-Age et qu'elles suivaient dans l'Antiquité, et la conséquence de ces travaux sera nécessairement de rendre à leur ancienne fertilité des régions devenues artificiellement stériles, et, par conséquent, de rouvrir les anciennes routes d'invasion qui ont successivement conduit en Europe toutes les races qui s'y sont précipitées venant de la Haute-Asie ou de l'Asie occidentale. Soit qu'il s'agisse de se rappeler les plus anciens mouvements des peuples, ceux des Slaves, ou des Celtes, ou ceux des Germains et des Huns, soit qu'on ne veuille s'occuper que des Hongrois ou des Turks ou des Mongols ou des Tatares de Tamalan, la route où a passé l'histoire du monde se rouvre ; on voit que du côté de la Chine, elle est de nouveau ouverte : il y a là des masses qui se déplacent déjà comme elles peuvent. On peut trembler de ce qui menace. Je ne suis pas très frappé de voir la Russie présider à cet ensemble de travaux et d'informations ; qu'elle veuille résolument tout ce que de pareils efforts donnent à penser, je suis plus que porté à en douter et bien que les Anglais, voyant les choses du haut des montagnes de l'Inde et doués d'ailleurs d'une imagination forte, dénoncent les ordres, les conseils, les inspirations de Pétersbourg et les aperçoivent à la racine de tout ce qui se fait, j'avoue, qu'à mon sens, beaucoup d'efforts s'accumulent en Asie, parfaitement en dehors des prévisions de la politique et je crois que la plupart des hommes d'Etat russes, sont beaucoup plus impressionnés par ce qui se fait à Londres, à Berlin, à Paris, que par telles ou telles trouvailles qu'un ingénieur polonais vient confier au gouverneur de Taschkend.

Je ne suis pas non plus excité sur cette question : l'Empire russe va-t-il posséder toute l'Asie, s'emparera-t-il de l'Inde ? Mais je suis attentif à cet amas de périls qui s'accumulent du côté de l'Asie et qui vont s'écrouler sur l'Europe, je n'en doute pas. Je remarque la rapidité foudroyante avec laquelle les périls se préparent et se multiplient ; je ne suis pas sûr qu'avant dix ans, la face du monde ne soit pas prête à changer et quand je considère tant de vie, tant de mouvement à l'Est, et tout cela si rapide, je ne considère pas comme moins étrange, la rapide décadence, la torpeur qui s'étend sur tout l'Occident du monde. J'ai prévu, j'ai annoncé il y a des années déjà, ces étranges phénomènes, dans le livre sur « l'Inégalité des races humaines ». Mais je suis obligé de confesser que je ne m'attendais pas alors à voir arriver si vite ce que je croyais encore si loin. Je ne puis donc que me corriger ici et avouer que le monde est plus mobile que je ne le supposais et que le mélange des races, avancé comme il l'est, aurait dû me faire supposer davantage de sa rapidité à pousser le mal aux extrêmes. C'est ce qu'on est au moment de voir se réaliser, avec tous les maux inséparables d'une si violente opération, et toute la misère qui doit la suivre.

L'INSTINCT RÉVOLUTIONNAIRE EN FRANCE

L'Instinct Révolutionnaire en France

Entre l'Océan et les Alpes, les imaginations s'agitent dans le brouillard d'une illusion permanente. Les gens bien intentionnés dont le nombre est de beaucoup le plus grand admettent comme un axiome que l'état oscillant de l'ordre social et politique, n'appartient qu'à un temps d'épreuves et, comme on dit de transition, que partis d'un point défini où ils se trouvaient mal à l'aise, leurs pères les ont acheminés vers un lieu futur de repos. Ce repos, ils se l'imaginent, les uns dans la restauration monarchique basée sur des principes quelconques, mais nouveaux, les autres dans la constitution définitive d'un état démocratique d'une nature incertaine; les troisièmes dans le règne d'un despotisme égalitaire, d'un césarisme intelligent, dispensateur brillant de vives jouissances réparties somptueusement à travers les foules. Tous en somme conçoivent que l'événement de 1789 doit un jour épuiser ses conséquences et alors la France vivra en paix.

Tout le monde veut vivre en paix, et à ce titre il n'existe pas de révolutionnaire. Le fanatique, plus ou moins sombre, plus ou moins excité des mansardes et des ateliers de Paris ne désire pas le moins du monde que son œuvre une fois faite, soit constamment assaillie par les opposants et battus de leurs bêliers comme lui-même s'occupe en ce moment à travailler ce qui reste de la société ancienne. Aussitôt qu'il aura réussi à poser sur le sol le premier fondement de son état agraire, il en deviendra le défenseur acharné ; il enrôlera pour le défendre, toutes les lois possibles de lèse-majesté, embauchées par lui dans les ruines des chancelleries royales. Il sera un conservateur et maudira du fond de son âme tous les impies qui oseront rêver de s'élever contre son ordre public. De cette façon, il faut convenir que le plus ardent de ces gens-là n'est pas un révolutionnaire, quand même et d'autre part, il est juste de concéder que le royaliste le plus timoré, le légitimiste le plus exact, voire le catholique ultra-montanisé aussi rigoureusement qu'il est possible de l'être, sont à l'heure actuelle des fauteurs de bouleversement. Ils n'ont pas ce qu'ils veulent, non pas de la même manière que le socialiste sans doute, attendu que celui-là ne tient pas encore ce qu'il désire, mais d'une autre façon, toute aussi fâcheuse pour leurs mains vides, c'est-à-dire par le fait qu'ils ne l'ont plus. L'un veut le prendre, l'autre le reprendre. L'un veut renverser sur la gauche l'édifice qui occupe actuellement le sol ; l'autre veut le renverser sur la droite. L'un comme l'autre, celui-ci comme celui-là, s'est parfaitement résigné à traverser une période d'agitation, même de violence pour en arriver à mettre la main sur son but et voilà comme quoi tout le monde en France est en réalité et au même titre parfaitement et incomplètement révolutionnaire de nature, de tempérament, de fait, de consentement.

Il est encore un autre motif pour qu'il en soit ainsi. Personne, absolument personne, ni le grand, ni le petit, ni le sage, ni le fou, n'a aucune notion quelque peu exacte de ce qu'il souhaite, ni de l'endroit précis où il lui faut aller pour rencontrer cette paix idéale dont chacun fait le couronnement de ses rêveries. Le gouvernement monarchique ! c'est bientôt dit. Mais en quoi voulez-vous nous le faire consister ? Il a bien des manières de se produire, depuis le système suivi par le roi d'Angleterre jusqu'à celui dont se fait honneur le roi du Dahomey, il faut choisir. Le royaliste français choisit et on remarque, non sans quelque admiration, lorsqu'il est amené à définir ce qu'il veut, l'extrême indépendance de ses vues. Il ne consent à admettre rien de ce qui est et surtout de ce qui a été ; ce qu'il lui faut c'est un idéal. Il l'explique mal, mais il le sent très bien ; il lui faut des nouveautés, c'est-à-dire la Révolution.

Sans doute, il admettra une base : tous ses adversaires ont aussi leur base. La sienne, c'est l'hérédité de mâle en mâle par droit de progéniture dans la Maison de Bourbon, comme la leur est le bonheur du plus grand nombre obtenu par une ample collation de vêtements, de nourriture, de boisson, de jeux de cirque et quelque peu de lecture. Mais de même que les amis de la multitude s'entendent mal sur les moyens à employer pour arriver à leurs résultats, de même les monarchistes hésitent fort quand à la forme du trône sur laquelle leur chef futur devra prendre place et ils ne savent pas davantage ce qu'il devra faire et ce qu'il ne pourra admettre. Ils ne sont même pas certains de ce que leur logique fera de son droit même. Qui succéderait, le cas se présentant à M. le comte de Chambord ? La branche de Philippe V ? Et, dans cette branche, un prince espagnol ou le représentant de la Maison de Parme ? Quoi ! s'écrient d'autres groupes ; hésiter ! Les princes d'Orléans ne sont-ils pas là ? Les gens purs secouent la tête et ne veulent pas des princes d'Orléans. La raison en est manifeste. Ceux-ci par eux-mêmes, par leur père, par leur grand-père ont vécu dans la Révolution ; que font donc autre chose ces purs royalistes de rêver, caresser, choyer, vouloir la Révolution de tout leur cœur ?

Il semble que la partie la plus raisonnante et la mieux fixée de la population française, sous le rapport de ce qu'elle veut, soit celle qui s'accommode tout d'abord et sans phrases du césarisme : le dominateur futur n'a qu'un programme à remplir, c'est d'être dominateur ; dès lors tout devient simple, il fait ce qu'il veut, il imagine ce qui lui plaît, il donne ou ne donne pas. De quelque euphémisme qu'il se serve, comme de parler, par exemple de la volonté nationale, manifestement s'il est le maître, c'est qu'il impose et ne s'appuie que sur sa force. Il n'y a là ni doctrine, ni théorie ; c'est un fait matériel.

Mais c'est aussi, comme pour les Républicains, comme pour les Socialistes, comme pour les Royalistes, un bel et bon état révolutionnaire, car il n'est pas dans la nature d'aucun fait de durer à perpétuité. Aussitôt que la plante est sèche, elle tombe. On peut répondre à la vérité qu'en tombant, elle répand sa graine et qu'ainsi le monde romain n'a jamais manqué de Tibère, de Néron, d'Othon, de Galba, de Flavius, de Maximus, de Constance, de Gallus, de Valers, et c'est incontestable, ni des révolutions non plus.

C'est encore une maxime du temps actuel et il en a été fait un si grand usage qu'on peut la considérer comme un rouage politique. La République est ce qui nous divise le moins. Le raisonnement aurait une certaine valeur si les populations frappées de son évidence, s'étaient subitement en l'entendant imbues de la notion républicaine, et comme des éponges bien imbibées avaient plongé au fond de la vie publique et s'y tenaient tranquilles. Mais rien de semblable n'est arrivé et ne pouvait arriver. Les partis monarchiques sont restés ce qu'ils étaient ; les Impérialistes ont plutôt gagné du monde qu'ils n'en ont perdu, et quant aux Républicains proprement dits et ceux qui se sont ralliés à leur marche, il ne faut pas dire à leurs idées, ce trait universel, ils ne se distinguent pas des autres partis par l'uniformité de la doctrine. De même que les partisans d'un chef héréditaire exécutent sur le clavier de leurs théories tous les thèmes variés de combinaisons les plus différents, de même les républicains combinent des systèmes à l'infini, soit qu'ils admettent ou rejettent l'autorité supérieure et différemment mesurée d'un magistrat temporaire, soit qu'ils étendent ou resserrent à différents crans cette autorité, soit qu'ils imaginent des moyens complexes de lui donner ou de lui refuser du jeu. Aristote ou tout autre de ses émules rapporte quelque part et fait monter au chiffre de soixante-dix le nombre des constitutions libres, existant à son époque. Il y a plus de soixante-dix plans de constitutions en mouvement dans l'imagination des Français qui en veulent une de ce genre, si bien que cette partie de la nation, tout aussi complètement que les autres, représente, au point de vue des doctrines, une pulvérulence absolue, une plage de sable fin sur laquelle il est assurément bien impossible de construire jamais un palais, non, une maison, non, pas même une mâsure.

Cependant, un fait peut tromper l'observateur. Entre les années 1871 et 1876, il a été manifesté que l'établissement de la monarchie royaliste s'est trouvée parfaitement impossible. Rien de plus simple. Tout le monde était d'avis et sentait à l'état de vérité démontrée que le plus grand nombre des chances de succès se trouvaient réunies en faveur de cette solution. En conséquence, chacune des nuances du parti se mit à tirer à soi le succès pressenti, aucun ne voulut céder la victoire certaine à son rival, et tous furent réduits à l'impuissance qui devint la pierre angulaire du succès de leurs rivaux. Que les dispositions de la France fussent toutes royalistes au sortir de l'invasion allemande, c'est ce que démontre assez l'élection de M. Thiers envoyé à l'Assemblée Nationale par tous les départements. A cette époque, il ne venait à l'esprit de personne, que M. Thiers put être considéré comme un chef républicain. On le choisissait tout au contraire parce qu'il avait été le ministre d'une monarchie, parce qu'il représentait cette monarchie et surabondamment, parce qu'il incarnait la nuance opinion avancée que cette monarchie avait produite. On prouvait en le choisissant, que la France était comme on l'avait dit autrefois, centre-gauche et on ne voulait pas aller plus loin.

On est allé plus loin, toutefois. Un grand nombre d'hommes et des multitudes avec eux ont versé plus ou moins lentement, avec un sentiment plus ou moins clair de ce qu'ils ont commis, dans le côté de la République. Est-ce à dire qu'ils soient devenus réellement républicains ? Républicains de conviction, républicains de raison et parti définitivement pris ? Ce n'est pas à supposer et voici pourquoi.

C'est l'usage français depuis 1789 de grossir la foule qui passe, mais non pas de lui rester fidèle et pour ne pas se perdre dans des recherches minutieuses, il suffit de considérer d'abord ce que fut le parti de la Plaine à la

Convention. Ce fut le parti des dégoûtés, ce fut aussi la pépinière, qui produisit l'étoffe des gouvernements subséquents, gens qui avaient professé bien des opinions divergentes et qui continuèrent par delà le Directoire, l'Empire, la Restauration, les Cent-Jours, la seconde Restauration et vinrent encore prêter leurs dispositions accommodantes à l'établissement de juillet. C'est ici le banc des hommes d'Etat, des administrateurs les plus sages. Ils embrassent un parti avec plus de bonne foi qu'on ne suppose, mais ne tardent aucunement à reconnaître ses côtés faibles. Tout de suite, autour d'eux on les remarque. Ils ne sont pas plus aveugles et ne veulent pas passer pour l'être, ils les dénoncent, les dénonçant, ils s'en détachent ; s'en détachant, ils font un pas de côté et se trouvent chez l'ennemi. Voilà pourquoi on est surpris en 1791 de voir toute la France républicaine, toute la

France consulaire en 1800, toute la même France dévouée au premier Empire, puis sincèrement royaliste pendant deux ou trois ans et ainsi de suite, jusqu'au moment actuel où elle se trouve en grande majorité républicaine, à la suite de l'impuissance montrée par les partis royalistes et dans l'état d'ahurissement où la catastrophe allemande a jetté l'Empire Second et dont il n'est pas encore revenu.

Tandis que les classes qui, d'ordinaire sont appelées, les classes éclairées théorisent, cherchent une voie, essayent, ne demandent pas mieux que d'avoir mis la main sur le succès de l'avenir, les populations rurales dans leurs parties les mieux raisonnantes, ont imaginé une autre façon d'argumenter. J'ai recueilli auprès de paysans de l'Oise l'opinion que voici :

Un bon sujet doit soutenir le gouvernement. Ce sont les mauvais sujets qui ont renversé

Louis-Philippe et plus tard Napoléon III. Aujourd'hui, ils voudraient rendre la République impossible. Il est donc du devoir de tout le monde de donner le plus de force possible à la République, parce que si elle fonctionne paisiblement, le prix des céréales, du beurre et des bestiaux, atteindront de nouveau ceux qu'ils avaient atteints sous l'Empire.

Cette argumentation est forte et pourrait être défendue de bien des manières ; mais il faut observer que ceux qui s'en accommodent, nomment volontiers les Républicains candidats aux différentes fonctions sans rechercher de quelle manière ceux-ci entendent la République. De là, des mécomptes et bientôt des renversements d'avis, de sorte que ces habitants des campagnes qui par amour de l'Etat social le plus heureusement combiné pour la vente de leurs produits sont des espèces de conservateurs, et il faut le reconnaître, les seuls sérieux qui existent sur le sol français, ces villageois, ces cultivateurs inflexibles sur les droits de la propriété, mariés à leur grand étonnement à des socialistes ou autres sectaires de la même sorte, finissent aussi par se repentir et par renier la République.

En résultat, il faut reconnaître comme une vérité de dogme que toute théorie politique, existante ou en puissance d'exister, apporte avec elle un germe de réalisation. Il est plus que probable qu'elle sera essayée et, pour cette raison tout système pratiqué contient en lui un germe grossissant de mort rapide et il est certain qu'il va tomber. L'essentiel du sentiment français en matière politique est donc l'instinct révolutionnaire. Aucun parti ne l'a à un plus haut degré que l'autre. Ils l'ont tous. Ils sont tous révolutionnaires, parce que tous ils veulent non pas améliorer, non pas modifier, non pas perfectionner, mais renverser tout à plat et balayer le plancher. Les uns disent que c'est pour faire revenir plus ou moins ce qui existait il y a cinq ans, il y a vingt-cinq ans, il y a cent ans, les autres pour combiner ce qu'on a encore jamais vu. Quelque soit le motif ou le prétexte, l'instinct est le même, c'est de détruire de fond en comble. Il est curieux de rechercher si ce tempérament particulier du Français actuel existe chez les peuples qui de près ou de loin l'entourent.

*
* *

Or, l'instinct révolutionnaire dans les temps modernes existe parmi les nations autres que la nation française seulement à l'état sporadique. Ce besoin de changer complètement les institutions politiques, les institutions sociales, de rêver du bouleversement absolu, a été vu chez les Napolitains. Au commencement de ce siècle on en peut découvrir aisément des traces évidentes dans les dispositions de ceux-ci. Une enquête minutieuse ferait découvrir quelque chose d'analogue dans les provinces méridionales de l'Espagne. Incontestablement, on l'aperçoit dans les anciennes vice-royautés du Nouveau-Monde. Partout ailleurs, l'impossibilité de la signaler est complète.

La Russie est surtout remarquable pour avoir accompli tout récemment une des évolutions les plus laborieuses qui se puissent penser. Sa population rurale a passé en masse de l'état de servage à la condition libre. Que cette transition ne se soit pas accomplie sans quelques tiraillements et que les propriétaires en général aient eu à traverser au point de vue économique, quelque gêne ; que d'autre part, les nouveaux affranchis n'aient pas eu d'abord, ne sachant pas encore parfaitement la nature, l'étendue, les limites de leurs droits actuels, il n'est rien de plus compréhensible et de plus inévitable. Pourtant, rien n'offre là l'aspect de ce que les Français appellent une Révolution. L'ensemble des lois a continué imperturbablement à fonctionner, le gouvernement suprême, les administrations locales émanées de lui n'ont été ni menacées ni troublées ; il n'a pas été question de les ébranler et la transformation si importante subie par les masses populaires, n'a pas mis en question un seul jour la vie normale de l'Etat.

Un changement analogue s'est fait dans le mode de croire de l'Allemagne. Au commencement de ce siècle des serfs existaient encore dans cette contrée sur plusieurs points, et entre autres, dans les deux Mecklembourgs. Là, où l'affranchissement des masses rurales s'était déjà produit, la noblesse exerçait encore des droits extrêmement étendus et, en se plaçant au point de vue moderne, il s'en fallait de beaucoup qu'un régime égalitaire nivelât toutes les classes. Graduellement, l'uniformité s'est faite entre toutes situations...

CET OUVRAGE EST LE PREMIER DE LA COLLECTION DES CLASSIQUES INÉDITS. IL A ÉTÉ TIRÉ SUR LES PRESSES DES EDITIONS DES CAHIERS LIBRES, A TOULOUSE, A SIX CENT TRENTE EXEMPLAIRES NUMÉROTÉS A SAVOIR : TRENTE EXEMPLAIRES SUR HOLLANDE VAN GELDER, NUMÉROTÉS DE I A XXX, SIX CENTS EXEMPLAIRES SUR VELIN OUTHENIN-CHALANDRE, NUMÉROTÉS DE 31 A 630.

www.ingramcontent.com/pod-product-compliance
Ingram Content Group UK Ltd.
Pitfield, Milton Keynes, MK11 3LW, UK
UKHW021600260726
13993UKWH00002B/952

9 782329 198118